Stephanie Just
Patrick Rosenthal

Stephanie Just
Patrick Rosenthal

Vegan
DURCH DEN ADVENT

Mit 24 Rezepten durch die Weihnachtszeit

Weihnachten steht vor der Tür – und damit auch all die schönen Traditionen und Rituale dieser besonderen Zeit im Jahr. Feiner Plätzchenduft erinnert an die Kindheit bei Oma und Opa, ein wohlig warmes Getränk an kuschelige Abende nach einem Tag im Schnee und eine festlich gedeckte Tafel an fröhliche Familienfeiern. Da du auch mit einer veganen Ernährung auf nichts verzichten musst und damit deine Adventszeit ganz märchenhaft und lecker wird, erwarten dich in diesem Adventskalender 24 vegane Rezepte für beliebte Plätzchenklassiker, wärmende Getränke, deftige Hauptgerichte und vielleicht sogar Inspirationen für das Weihnachtsmenü an Heiligabend.

Um die Seiten aufzutrennen, benötigst du eine Schere. Setze die Schere am Falz an und schneide dann vorsichtig von unten nach oben die Doppelseite auf. Du kannst den Adventskalender nach dem Öffnen als Koch- und Backbuch nutzen und es zu deinen anderen Büchern ins Regal stellen.

Viel Freude beim Kochen, Backen und Genießen!

# SCHOKOMANDELN

Ein weihnachtlicher, süßer Snack, der sich auch optimal als kleines Mitbringsel für die Weihnachtsparty oder als Geschenkidee eignet.

**FÜR 200 G**

200 g ungeschälte
    Mandeln
60 g vegane Schokolade
1 TL Lebkuchengewürz
5 EL Puderzucker

1. Backofen auf 180 °C Ober-/Unterhitze vorheizen.
2. Mandeln auf ein Backblech verteilen und 10 Minuten im Ofen rösten. Abkühlen lassen. Schokolade über einem Wasserbad schmelzen lassen und das Lebkuchengewürz unterrühren.
3. Mandeln zugeben und gut verrühren, sodass sie komplett mit Schokolade überzogen sind. Puderzucker in eine Schüssel mit verschließbarem Deckel geben und die Mandeln hinzufügen. Deckel schließen und schütteln. Die Mandeln auf einem Backpapier vollständig auskühlen lassen.

# PASTA MIT FRITTIERTEN BIRNEN

Ein unglaublich leckeres und einfaches Gericht mit saisonalen Zutaten, das schön leicht, aber trotzdem festlich ist.

**FÜR 4 PORTIONEN**

2 kleine Schalotten
2 Birnen
200 g Pasta
3 EL Olivenöl
100 ml Sojacreme
Salz
schwarzer Pfeffer
   aus der Mühle
½ Bund Dill
Kerne von
   ½ Granatapfel

1. Schalotten enthäuten und sehr fein würfeln. Birnen waschen und in ½ cm dicke Scheiben schneiden.
2. Die Pasta in kochendem Salzwasser nach Packungsanleitung garen.
3. Inzwischen Öl in die Pfanne geben. Schalotten darin bei mittlerer Hitze 5 Minuten unter Rühren dünsten, dann herausnehmen und zur Seite stellen. Im restlichen Öl die Birnenscheiben goldbraun frittieren, dann herausnehmen und auf Küchenpapier abtropfen lassen.
4. Sojacreme in die Pfanne geben und 2 Minuten cremig einkochen lassen, mit Salz und Pfeffer würzen. Dill waschen, fein hacken und zugeben.
5. Pasta abgießen und gut abtropfen lassen. Zusammen mit den Schalotten in die Soße geben. Alles gründlich mischen und nach Belieben mit frisch gemahlenem Pfeffer, Birnenscheiben und Granatapfelkernen servieren.

# WEIHNACHTSPUNSCH

Wenn die Gäste auch noch nach dem Abendessen bleiben …

**FÜR CA. 1,4 L**

2 Birnen
2 Bio-Zitronen
½ TL Zimt
1 Prise Muskatnuss
1 Prise Piment
2 TL Zucker
400 ml weißer Traubensaft
150 ml weißer Rum oder Gin
280 ml Gingerale
500 ml Mineralwasser
  mit Kohlensäure
2 Zweige Rosmarin
1 Handvoll Cranberrys (optional)

**1.** Birnen und 1 Zitrone in Scheiben schneiden. Die andere Zitrone auspressen.
**2.** Birnen- und Zitronenscheiben mit Zimt, Muskatnuss, Piment und Zucker in einen Krug geben und 1 Stunde ruhen lassen.
**3.** Zitronensaft und Traubensaft zugeben und umrühren, bis sich der Zucker vollständig aufgelöst hat. Rum oder Gin zugeben. Mit Gingerale und Mineralwasser aufgießen
**4.** Rosmarin und Cranberrys zugeben.

# VANILLEKIPFERL

Diese Plätzchen werden so knusprig wie die Originale.
Das Geheimnis dabei ist, dass du eine gute Butteralternative verwendest.

FÜR CA. 20 STÜCK

**Für den Teig:**
2 EL Sojamehl
2 EL Wasser
200 g Weizenmehl
100 g gem. Mandeln
100 g Zucker
1 TL gem. Vanille
150 g kalte vegane Butter

**Zum Bestäuben:**
50 g Puderzucker
¼ TL gem. Vanille

1. Ein Backblech mit Backpapier auslegen und den Backofen auf 180 °C Ober-/Unterhitze vorheizen.
2. Für den Teig Sojamehl in einer Tasse mit dem Wasser verrühren. Dann mit Mehl, Mandeln, Zucker, Vanillepulver und veganer Butter in eine Schüssel geben und mit dem Handrührgerät zu einem geschmeidigen Teig verarbeiten.
3. Den Teig in etwa 20 gleich große Stücke zerteilen. Jedes Teigstück zu einer Kugel rollen und dann mit der Handfläche einen 11 cm langen Strang formen, der in der Mitte eine Verdickung hat und zu den Enden hin dünner wird. Kipferl mit etwas Abstand zueinander auf das Backblech legen.
4. Kipferl 15 Minuten im Ofen backen, bis sie am Rand ein wenig Farbe annehmen. Aus dem Ofen holen, auf dem Blech komplett auskühlen lassen und erst dann vom Backpapier lösen. Puderzucker und Vanille in einer Schüssel vermischen und auf die Kipferl sieben.

# CANTUCCINI

Kennst du dieses italienische Mandelgebäck? Es ist wunderbar, diese trockenen, festen Cantuccini in eine Tasse Kaffee oder Tee zu dippen. Diese fruchtige und nussige Variante mit einem Hauch aromatischer Gewürze schmeckt ein bisschen anders, aber ebenfalls wirklich großartig.

## FÜR CA. 20 STÜCK

2 EL Sojamehl
5 EL Pflanzendrink
265 g Weizenmehl
1 TL Backpulver
100 g Rohrzucker
50 g Zucker
25 g weiche vegane Butter
1 TL gem. Zimt
¼ TL gem. Anis
½ TL gem. Kardamom
100 g gemischte Nüsse (Pistazien, Mandeln, Haselnuss- oder Walnusskerne)
100 g gemischte getr. Früchte (Cranberrys, Aprikosen und Datteln)

1. Sojamehl in einer Schüssel mit 3 EL Pflanzendrink verrühren. Mischung mit Mehl, Backpulver, Zucker, veganer Butter, dem restlichen Pflanzendrink und den Gewürzen in eine Schüssel geben und mit dem Handrührgerät zu einem glatten Teig verkneten.

2. Die Nüsse und die getrockneten Früchte grob hacken, zum Teig geben und unterkneten.

3. Den Teig zu einer Rolle mit etwa Ø 6 cm formen, in Frischhaltefolie wickeln und 30 Minuten in den Kühlschrank legen.

4. Den Backofen auf 170 °C Ober-/Unterhitze vorheizen.

5. Die Rolle auf ein mit Backpapier belegtes Blech legen und 30 Minuten im Ofen backen.

6. Blech aus dem Ofen nehmen, Teig auf dem Blech 20 Minuten abkühlen lassen, dann mit einem scharfen Sägemesser 1 cm dicke Scheiben von der Rolle abschneiden. Cantuccini wieder auf das Backblech legen und 5 Minuten im Ofen backen, dann einmal wenden und weitere 5 Minuten backen. Cantuccini aus dem Ofen holen und auf einem Kuchengitter auskühlen lassen.

# ZIMTSTERNE

Es gibt wohl niemanden, der sie nicht kennt! Zimtliebhaber kommen hier voll auf ihre Kosten. Im Originalrezept kommt eine dünne Baiserschicht auf die Sterne und wird mitgebacken. Aber diese Variante mit Zuckerguss ist auch sehr lecker. Wer einen traditionellen Guss bevorzugt, kann dazu Aquafaba oder Eiweißersatz verwenden.

**FÜR CA. 45 STÜCK**

**Für den Teig:**
100 g Puderzucker
250 g gem. Haselnüsse
100 g gem. Mandeln
1–1 ½ TL gem. Zimt,
    je nach Geschmack
50 ml Pflanzendrink
Mehl für die Arbeitsfläche

**Für den Guss:**
150 g Puderzucker
1 TL Pflanzendrink
gem. Zimt zum Bestäuben

1. 2 Backbleche mit Backpapier auslegen und den Backofen auf 180 °C Ober-/Unterhitze vorheizen.
2. Alle Zutaten für den Teig in eine Schüssel geben und mit dem Handrührgerät zu einem glatten Teig verkneten.
3. Den Teig auf der leicht bemehlten Arbeitsfläche 5 mm dick ausrollen und mit einer Ausstechform Sterne ausstechen. Sterne mit ein wenig Abstand zueinander auf die Bleche setzen und ca. 8 Minuten im Ofen backen. Aus dem Ofen nehmen und komplett auskühlen lassen.
4. Für den Guss den Puderzucker in eine kleine Schale sieben und mit dem Pflanzendrink zu einem zähen Guss verrühren. Am besten mit wenig Pflanzendrink beginnen und immer ein paar Tropfen dazugeben, bis die richtige Konsistenz erreicht ist.
5. Sterne mit dem Guss bestreichen und diesen trocknen lassen. Dann mit etwas Zimt bestäuben.

# BUTTERNUT-SUPPE

Der Butternut-Kürbis hat einen eher buttrigen Geschmack mit leicht nussigem Aroma. Dazu passt ein Toast mit geschmolzenem Käse.

**FÜR 4 PORTIONEN**

1 kg Fruchtfleisch vom
   Butternut-Kürbis
2 EL Öl
2 Zwiebeln
1 Knoblauchzehe
2 Stangen Staudensellerie
2 Karotte
1 ½ l Gemüsebrühe
200 ml Soja cuisine
1 Prise Muskatnuss

1. Den Butternut-Kürbis schälen, halbieren, entkernen und in grobe Würfel schneiden.
2. Öl in einem großen Topf erhitzen. Zwiebeln und Knoblauch schälen und fein hacken.
3. Zwiebeln und Knoblauch zugeben und 5 Minuten anschwitzen. Staudensellerie und Karotte würfeln.
4. Karottenwürfel, Staudensellerie und Kürbis zugeben und unter Rühren 5 Minuten anschwitzen.
5. Gemüsebrühe angießen und alles 20 Minuten kochen lassen, bis der Kürbis weich ist.
6. Sahne zugeben und nochmals 5 Minuten köcheln lassen.
7. Pürieren und mit Muskatnuss verfeinern.

# ERDNUSSKROKANT

Crunchy, süß und salzig. Buttrig und nussig … Lieblingskeks!

**FÜR CA. 24 STÜCK**

500 g Erdnüsse
6 TL Ahornsirup
400 g Zucker
2 TL vegane Butter
etwas gem. Zimt
etwas gem. Ingwer
½ TL Backpulver
etwas Meersalz

1. Die Erdnüsse grob hacken und in einer beschichteten Pfanne ohne Fettzugabe kurz rösten. Vom Herd nehmen und zur Seite stellen.
2. Auf mittlerer Hitze Sirup, Zucker, Butter, Gewürze und 8 TL Wasser erhitzen. Die Masse so lange rühren, bis sie anfängt zu kochen. 5–8 Minuten köcheln lassen, bis sie leicht dunkel wird. Erdnüsse unterrühren. Mit einem Holzlöffel das Backpulver untermischen. Mit Meersalz besprenkeln. Die Masse auf Backpapier verteilen und abkühlen lassen.
3. In Stücke brechen und servieren.

# APFEL-GIN-TEE

Perfekt für einen kalten Wintertag in der Adventszeit. Natürlich kann man den Tee oder Sirup auch alkoholfrei oder kalt genießen.

**FÜR 1,2 L TEE
(5 PORTIONEN)**

**Für den Rosmarin-Sirup:**
100 g Zucker
125 ml Wasser
125 ml Wonig oder
    Agavendicksaft
6 Stiele Rosmarin

**Für den Tee:**
1 l naturtrüber Apfelsaft
1 Apfel
5 Rosmarinzweige
200 ml Gin

1. Für den Sirup Zucker und Wasser in einem kleinen Topf unter Rühren zum Kochen bringen, bis sich der Zucker vollständig aufgelöst hat.
2. Topf vom Herd nehmen, Honig einrühren und die gewaschenen Rosmarinzweige hineingeben. Sirup vollständig abkühlen lassen, dann die Rosmarinzweige entfernen.
3. Für den Tee den Apfelsaft in einem Topf erhitzen.
4. Apfel waschen, entkernen und in feine Scheiben schneiden.
5. In 5 Gläser ein paar Apfelscheiben und je 1 Rosmarinzweig legen. Jeweils 1 EL Sirup dazugeben und mit heißem Apfelsaft aufgießen. Gin zugießen und unterrühren.

# SPEKULATIUS

Spekulatius gibt es jede Menge verschiedene – mit und ohne Mandeln, mit Gewürzen oder nur Butter. Dieses Basisrezept kannst du nach Belieben noch kräftiger würzen.

## FÜR CA. 60 STÜCK

100 g vegane Butter
150 g Weizenmehl plus mehr
    für die Arbeitsfläche
50 g gem. Mandeln
70 g Zucker
1 gehäufter TL Spekulatiusgewürz
1–2 EL Pflanzendrink

1. Vegane Butter in Würfel schneiden, mit den restlichen Zutaten in eine Schüssel geben und mit dem Handrührgerät zu einem glatten Teig verarbeiten. Teig mit der Hand flach drücken, in Frischhaltefolie wickeln und 60 Minuten in den Kühlschrank legen.
2. Den Backofen auf 180 °C Ober-/Unterhitze vorheizen und 2 Backbleche mit Backpapier auslegen.
3. Teig auf einer leicht bemehlten Arbeitsfläche 5 mm dick ausrollen und entweder mit Formen ausstechen oder ein Präge-Rollholz verwenden (hierfür das Holz vorher mit Mehl bestäuben).
4. Spekulatius auf die Bleche verteilen und 10–12 Minuten im Ofen backen.

# ELISENLEBKUCHEN

Elisenlebkuchen sind für viele der Inbegriff von Weihnachtsgebäck. Der wunderbar gewürzte Teig weckt immer schöne Kindheitserinnerungen.

## FÜR CA. 30 STÜCK

### Für den Teig:
2 EL Sojamehl
4 EL Pflanzendrink
100 g brauner Zucker
100 g Zucker
70 g gem. Mandeln
150 g gem. Haselnüsse
1 ½ TL Lebkuchengewürz
30 g Orangeat
30 g Zitronat
1 gehäufter EL Backkakao
Backoblaten

### Zum Garnieren:
100 g Puderzucker
1 TL Pflanzendrink
30 halbierte, geschälte Mandeln

1. Sojamehl und Pflanzendrink in einer Tasse verrühren. Mit den restlichen Teigzutaten (außer den Oblaten) in eine Schüssel geben und mit dem Handrührgerät zu einem glatten Teig verkneten. Den Teig in Frischhaltefolie wickeln und 30 Minuten in den Kühlschrank legen.

2. 2 Backbleche mit Backpapier auslegen und den Backofen auf 170 °C Ober-/Unterhitze vorheizen.

3. Mit einem Teelöffel walnussgroße Teigportionen abnehmen und jeweils auf eine Oblate streichen. Teig etwas in Form bringen und Oblaten auf die Bleche setzen. Lebkuchen 18–20 Minuten im Ofen backen. Dann herausnehmen und komplett auskühlen lassen.

4. Puderzucker in eine Schüssel sieben und mit dem Pflanzendrink zu einem zähen Guss verrühren. Die Lebkuchen kopfüber in den Guss tauchen, abtropfen lassen und zum Trocknen auf ein Backpapier setzen. Mit den Mandelhälften garnieren.

# RISALAMANDE

Jetzt wird es hyggelig! Ein Weihnachtsfest in Dänemark ist ohne Risalamande, dem süßen Mandelmilchreis, undenkbar. Traditionell wird eine ganze Mandel darin versteckt. Wer sie findet, bekommt ein kleines Geschenk.

**FÜR 4 PORTIONEN**

500 ml Pflanzendrink
1 Prise Salz
1 EL Mandelmus
110 g Milchreis
50 g gehackte Mandeln
200 g Sahne
50 g Vanillezucker
4 EL Kirschkompott

1. In einem Topf Milch, Salz, Mandelmus und Milchreis garen und abkühlen lassen.
2. Mandeln und Vanillezucker mischen und unter den abgekühlten Milchreis heben.
3. Sahne steif schlagen und ebenfalls vorsichtig unterheben.
4. In Gläser füllen und mit Kirschkompott servieren.

# BRATAPFEL-TRAUM

Hier trifft sich das Beste aus der Weihnachtsbäckerei in einem Glas – Elisenlebkuchen, Zimtstern, Bratapfel und cremiger Mandelpudding.

**FÜR 4 GLÄSER À 430 ML**

**Für den Pudding:**
500 ml Mandeldrink
80 g Zucker
1 ½ Päckchen Vanillepuddingpulver
100 g gem. Mandeln
100 ml gesüßter Sahneersatz
Zimtsterne (siehe Tag 13)
Elisenlebkuchen (siehe Tag 11)

**Für die Bratäpfel:**
3 große säuerliche, feste Äpfel
80 ml Apfelsaft
3 EL Goliorzucker
2 EL Rosinen
100 g Marzipan
2 EL Mandelstifte

**Zum Garnieren:**
100 ml gesüßter Sahneersatz

1. Aus Mandeldrink, Zucker und Vanillepuddingpulver nach Packungsanleitung einen Pudding kochen. Zum Schluss die gemahlenen Mandeln unterrühren. Pudding komplett auskühlen lassen.

2. Sahneersatz in eine Schüssel geben und mit dem Handrührgerät steif schlagen. Wenn der Pudding kalt und fest ist, mit dem Handrührgerät einmal durchmixen. Dann die Sahne unterheben.

3. Die Äpfel schälen, entkernen und in mundgerechte Würfel schneiden. Mit Apfelsaft, Gelierzucker und Rosinen in einen Topf geben und ca. 8 Minuten köcheln lassen, bis die Äpfel weich sind.

4. Das Marzipan würfeln, dazugeben und in der heißen Masse schmelzen. Zum Schluss die Mandeln unterheben. Masse abkühlen lassen.

5. Die Zimtsterne und den Lebkuchen grob zerbröseln. Alles in Gläser schichten: Zuerst eine Schicht Pudding mit einem Esslöffel in jedes Glas geben. Darauf Lebkuchenstückchen bröseln. Anschließend 2 EL Bratapfelmasse, wieder Pudding, dann Zimtsternstücke und Bratapfel in das Glas geben.

6. Den Sahneersatz in einer Schüssel mit dem Handrührgerät steif schlagen und auf den Gläsern verteilen.

# DATTEL-COOKIES

Es muss ja nicht immer nur Althergebrachtes sein, auch wenn jeder diese Klassiker liebt. Doch warum nicht mal über den Tellerrand schauen und etwas Neues ausprobieren? Diese Dattel-Cookies sind ein grandioser Beleg dafür, dass man ruhig mal mutiger sein darf. Sie schmecken exotisch, aber auch wunderbar nach Weihnachten.

**FÜR 20 STÜCK**

250 g entkernte Datteln
150 g Mandelcreme mit Vanille
1 TL Vanilleextrakt
¼ TL gem. Kardamom
½ TL gem. Zimt
100 g Weizenmehl
50 g dunkle Kuvertüre
Meersalzflocken

1. Den Backofen auf 180 °C Ober-/Unterhitze vorheizen und ein Backblech mit Backpapier auslegen.
2. Datteln, Mandelcreme und Gewürze in eine Schüssel geben und mit einem Stabmixer zu einer möglichst feinen Masse pürieren.
3. Das Mehl dazugeben und alles mit dem Handrührgerät zu einem glatten Teig verkneten.
4. Den Teig in etwa 20 gleich große Portionen aufteilen, jeweils eine Kugel daraus formen und auf das Backblech setzen. Kugeln mit einer in ein wenig Wasser getauchten Gabel flach drücken. Blech in den Ofen schieben und Cookies 13 Minuten backen. Aus dem Ofen nehmen und auskühlen lassen.
5. Die Kuvertüre grob zerkleinern, in eine Glas- oder Metallschüssel geben und in einem heißen Wasserbad schmelzen. Mit einem Teelöffel feine Schokostreifen über die Cookies träufeln und jeweils 1 Prise Salz daraufstreuen.

Spekulatius
Creme

# SPEKULATIUS-AUFSTRICH

Für alle, die von crunchy Spekulatius nicht genug bekommen, ist diese einfache Creme genau das Richtige. Sie eignet sich auch bestens zum Verschenken.

FÜR EIN GLAS À 130 ML

100 g Spekulatius (siehe Tag 10 oder gekaufte Kekse)
50 g sehr weiche vegane Butter
30 g Mandelmus
1 Prise Salz
½ TL Vanille-Extrakt
¼ TL gem. Zimt

1. Die Spekulatius mit einem Multizerkleinerer fein zermahlen oder in einen Gefrierbeutel füllen und mit einem Nudelholz zerdrücken.
2. Die restlichen Zutaten in einer Schüssel verrühren. Die gemahlenen Kekse unterheben.
3. Aufstrich in ein verschließbares Glas füllen und im Kühlschrank aufbewahren. Er hält sich ca. 14 Tage.

# LEBKUCHEN-TEE-LATTE

Abends nach dem Winterspaziergang sollte man sich eine Tasse Tee gönnen, um sich nach dem Spaziergang von innen zu wärmen. Da hilft die Lebkuchen-Latte ganz besonders; sie passt hervorragend in die jetzige Jahreszeit.

## FÜR 2 PORTIONEN

250 ml Wasser
2 Teebeutel schwarzer Tee
½ TL gem. Ingwer
½ TL gem. Zimt
⅛ TL gem. Nelken
1 TL Vanilleextrakt
250 ml Pflanzendrink
weißer Kandis

1. Wasser in einen Topf geben und zusammen mit den Teebeuteln aufkochen lassen. Gewürze und Vanille zugeben und verrühren. Die Teebeutel entfernen und für 3 Minuten köcheln lassen.
2. Die Milch erhitzen, aufschäumen und auf zwei Gläser verteilen. Mit dem heißen Tee aufgießen und weißen Kandis zugeben.

# FELDSALAT MIT BIRNE UND WALNUSS

Ideal als Vorspeise für das Weihnachtsmenü oder als leichtes Gericht in der Winterzeit.

**FÜR 4 PORTIONEN**

400 g Feldsalat
1 Granatapfel
2 Birnen
1 Bio-Orange
6 EL Olivenöl
2 TL mittelscharfer Senf
3 EL Weißweinessig
2 TL Agavendicksaft
Salz
Pfeffer
100 g Walnüsse

1. Feldsalat in ein Sieb geben, waschen und abtropfen lassen.
2. Granatapfel entkernen, Birnen waschen und in Spalten schneiden.
3. Orangeschale fein reiben, Saft auspressen und mit Olivenöl, Senf, Weißweinessig, Agavendicksaft, Salz und Pfeffer zu einem Dressing verrühren.
4. Walnüsse grob hacken. Den Salat auf Teller verteilen und mit Birnen, Granatapfel und Walnüssen garnieren. Kurz vor dem Servieren das Orangendressing darübergeben.

# X-MAS CUPCAKES

Glühwein trifft Kirsche. Eine himmlische Kombination!

## FÜR 12 CUPCAKES

### Für die Glühweinkirschen:

1 kleines Glas entsteinte Sauer-
  kirschen (185 g Abtropfgewicht)
50 g Rohrzucker
1 Beutel Glühweingewürz

### Für den Teig:

130 g vegane Butter
140 g Rohrzucker
1 Beutel (5 g) Bio-Orangenschale
1 TL gem. Vanille
220 g Weizenmehl
2 leicht gehäufte TL Backpulver
6 gestr. EL Sojamehl
150 ml Kirschsaft (von den Kirschen)
50 ml Pflanzendrink

### Für die Buttercreme:

200 g vegane Butter
250 g Puderzucker
80 g veganer Frischkäse
1 gestr. TL gem. Zimt
½–¾ Päckchen San-apart

1. Die Kirschen mit ihrem Saft, Zucker und dem Glühweingewürz in einen Topf geben und aufkochen lassen. Den Herd ausschalten und Kirschen 30 Minuten ziehen lassen. Durch ein Sieb abgießen, dabei den Saft auffangen, 150 ml abmessen, und Kirschen abtropfen lassen.

2. Backofen auf 180 °C Ober-/Unterhitze vorheizen und ein Muffinblech mit Papierförmchen auslegen.

3. Für den Teig veganen Butter, Zucker, Orangenschale und Vanillepulver in eine Schüssel geben und mit dem Handrührgerät schaumig rühren. Mehl in einer zweiten Schüssel mit dem Backpulver mischen. Sojamehl in einer Tasse mit 6–7 EL Wasser verrühren. Mehl- und Sojamehlmischung mit dem Kirschsaft und dem Pflanzendrink zu der Butter-Zucker-Mischung geben und verrühren.

4. Den Teig gleichmäßig auf die Förmchen verteilen. In jedes Förmchen mittig 3 Kirschen setzen und leicht in den Teig drücken. Muffins 22–25 Minuten im Ofen backen (Stäbchenprobe!), dann komplett auskühlen lassen.

5. Für die Creme die vegane Butter in einer Schüssel mit dem Handrührgerät cremig aufschlagen. Den Puderzucker dazugeben und unterrühren. Veganen Frischkäse und Zimt untermischen. Zum Schluss San-apart unter Rühren löffelweise zugeben, bis die Creme eine feste Konsistenz hat und mit dem Spritzbeutel verarbeitet werden kann. Creme in einen Spritzbeutel mit großer Sterntülle füllen und auf die abgekühlten Muffins spritzen. Bis zum Servieren im Kühlschrank aufbewahren.

# HAFERFLOCKEN-CRANBERRY-COOKIES

Diese weichen Cookies passen eigentlich das ganze Jahr über. Wenn du sie probiert hast, wirst du verstehen, warum. Die Kombination aus Haferflocken, Cranberrys und Haselnuss ist super lecker und gehen einfach immer. Für Weihnachten kommt allerdings noch etwas Muskatblüte dazu.

**Für ca. 25 Stück**

1 EL Sojamehl
2 EL Wasser
150 g vegane Butter
50 getr. Cranberrys
75 g brauner Zucker
75 g Zucker
150 g kernige Haferflocken
100 g gem. Haselnüsse
2 EL Weizenmehl
1 TL Vanilleextrakt
½ TL gem. Muskatblüte
1 TL Backpulver

1. Sojamehl in einer Tasse mit dem Wasser verrühren. Die vegane Butter in einem Topf schmelzen. Die Cranberrys grob hacken.
2. Alle Zutaten in eine Schüssel geben und mit einem Kochlöffel gut verrühren.
3. Ein Backblech mit Backpapier auslegen und den Backofen auf 180 °C Ober-/Unterhitze vorheizen.
4. Mit einem Löffel walnussgroße Teigportionen abnehmen und mit den Händen zu Kugeln drehen. Kugeln auf das Blech setzen und mit der Hand etwas flach drücken. Cookies 12–13 Minuten im Ofen backen. Herausnehmen und auf dem Blech auskühlen lassen.

# SAFTIGE KOKOSMAKRONEN

Kokosmakronen müssen innen noch saftig, aber außen fest und ein wenig gebräunt sein. Dann sind sie perfekt.

FÜR CA. 20 STÜCK

25 g Kokosnusscreme
2 EL Wasser
70 g veganer Quark
100 g Puderzucker
1 Msp. Weinsteinbackpulver
½ EL Sojamehl
200 g Kokosraspel
100 g dunkle Kuchenglasur

1. Ein Backblech mit Backpapier auslegen und den Backofen auf 180 °C Ober-/Unterhitze vorheizen.
2. Kokosnusscreme in einer Schüssel mit dem Wasser verrühren. Dann mit den restlichen Zutaten (außer der Kuchenglasur) in eine Schüssel geben und mit dem Handrührgerät zu einer festen Masse verarbeiten.
3. Mit 2 Teelöffeln etwas Teig abnehmen und gleichmäßige Makronen auf das Backblech setzen. Wer mag, »lockert« den Teig noch etwas auf, damit die Makronen später fluffiger aussehen.
4. Blech in den Ofen schieben und Makronen 10–15 Minuten backen, bis sie etwas Farbe angenommen haben. Aus dem Ofen holen und auf dem Backblech komplett auskühlen lassen.
5. Die Glasur nach Anleitung schmelzen, in eine kleine Schüssel füllen und die Makronen mit dem Boden hineintauchen, etwas abtropfen lassen und auf Backpapier trocknen lassen.

# MANDEL-SCHOKO-FUDGE

Fudge ist eigentlich ein Karamell-Konfekt. Es lässt sich aber auch mit Schokolade zubereiten und ist dann für Schokofans ein Traum. In diesem weihnachtlichen Rezept treffen Wonig und Mandelmus auf dunkle Kuvertüre und gebrannte Mandeln. Achtung, wer einmal angefangen hat zu naschen, kann schnell süchtig werden!

**FÜR 1 RECHTECKIGE FORM MIT 20 × 20 CM LÄNGE**

25 g Kokosnusscreme
2 EL Wasser
300 g dunkle Kuvertüre
80 g Puderzucker
60 g Wonig
60 g helles Mandelmus
½ TL gem. Zimt
½ TL gem. Vanille
100 g gebrannte Mandeln

**1.** Die Form mit Backpapier auslegen.

**2.** Kokosnusscreme in eine Schüssel füllen und mit dem Wasser verrühren.

**3.** Kuvertüre grob hacken, in eine Glas- oder Metallschüssel geben und im heißen Wasserbad schmelzen. Die Schüssel beiseite stellen, den Puderzucker hineinsieben und so lange verrühren, bis er sich aufgelöst hat.

**4.** Wonig, Mandelmus, angerührte Kokosnusscreme und Gewürze dazugeben und zu einer glatten Creme verrühren.

**5.** Die gebrannten Mandeln hacken und mit einem Silikonlöffel unter die Schokomasse heben (ein paar Mandelstücke zum Garnieren beiseite legen). Masse in die Form füllen und glatt streichen. Mit der Form 2 oder 3 Mal auf den Tisch klopfen, um eventuelle Luftbläschen zu entfernen.

**6.** Die restlichen gehackten gebrannten Mandeln auf die Masse streuen und Form 3–4 Stunden oder über Nacht in den Kühlschrank stellen. Danach Fudge mit dem Backpapier aus der Form heben und nach Belieben in Stücke schneiden.

# EINFACHE PLÄTZCHEN

Traditionell gehören zu Weihnachten die herrlich knusprigen Butterplätzchen. Die Zubereitung ist ganz unkompliziert, daher können sich schon kleine Bäcker bestens daran versuchen. Außerdem macht das Ausstechen mit unterschiedlichen Formen einfach großen Spaß. Mit diesem Rezept und der richtigen Butteralternative bekommst du die Plätzchen genauso gut hin wie das Original.

## FÜR 3 BACKBLECHE

### Für den Teig:
300 g Weizenmehl plus mehr
    für die Arbeitsfläche
200 g kalte vegane Butter
100 g Zucker

### Aroma nach Belieben:
1 TL Vanilleextrakt oder
    ½ Fläschchen Rum-,
    Butter-Vanille-, Bittermandel-
    oder Zitronen-Aroma
1 TL gem. Zimt, Lebkuchen-
    gewürz etc.

### Zum Garnieren:
200 g Puderzucker
2–3 TL Pflanzendrink oder Saft
Lebensmittelfarben
bunte Zuckerstreusel

1. 3 Backbleche mit Backpapier auslegen und den Backofen auf 180°C Ober-/Unterhitze vorheizen.

2. Das Weizenmehl in eine Schüssel sieben. Die vegane Butter in Würfel schneiden, mit den restlichen Teigzutaten dazugeben und mit dem Handrührgerät zu einem glatten Teig verkneten. Teig auf der leicht bemehlten Arbeitsfläche 5 mm dick ausrollen und mit Ausstechformen nach Belieben Plätzchen ausstechen. Plätzchen auf die Bleche setzen und 8–10 Minuten im Ofen backen, bis die Ränder leicht Farbe annehmen. Aus dem Ofen nehmen, auf dem Blech etwas abkühlen lassen, dann auf ein Kuchengitter umsetzen und komplett auskühlen lassen.

3. Für den Guss den Puderzucker in eine Schüssel sieben und nach und nach Pflanzendrink unterrühren, bis ein zäher Guss entsteht. Nach Belieben mit Lebensmittelfarbe einfärben und die Kekse damit streichen. Den Guss mit Zuckerperlen bestreuen und gut austrocknen lassen.

# LEBKUCHEN-MOUSSE

Ob als Nachtisch zur Weihnachtsfeier oder als Dessert für einen gemütlichen Abend mit Freunden oder Familie.

**FÜR 4 PORTIONEN**

3 EL Espresso
200 g Zartbitterschokolade
400 g Seidentofu
6 EL Hafermilch
3 Päckchen Vanillezucker
2 TL Lebkuchengewürz
200 ml Glühwein
3 EL Zucker
¼ TL Zimt
200 g Schattenmorellen
1 EL Kartoffelstärke

1. Espresso kochen. Schokolade in kleine Stücke schneiden und mit dem Espresso über einem Wasserbad schmelzen lassen.
2. In einer Schale Tofu, Hafermilch, Vanillezucker und Lebkuchengewürz mit einem Pürierstab pürieren. Mit der geschmolzenen Schokolade vermengen und kühl stellen.
3. In einem Topf Glühwein, Zucker und Zimt erhitzen und 5 Minuten köcheln lassen.
4. Schattenmorellen abgießen und den Saft auffangen. 3–4 EL Saft mit Kartoffelstärke verrühren, zum kochenden Glühwein geben und verrühren. Kirschen dazu geben und etwas abkühlen lassen. In einem Glas die Lebkuchen-Mousse mit den Glühweinkirschen schichten und servieren.

# VEGANES GULASCH

Dazu passen klassischer Rotkohl und vegane Kartoffelknödel – perfekt für Heiligabend!

**FÜR 4 PORTIONEN**

6 Gewürzgurken

150 g Soja-Medaillons
    oder Soja-Schnetzel

700 ml Gemüsebrühe

Salz

Pfeffer

3 EL Senf

3–4 EL pflanzliches Öl

1 Zwiebel

3 EL Mehl

3 EL Tomatenmark

200 ml veganer Rotwein

1. Gewürzgurken abseihen und 50 ml Gurkenwasser auffangen. Soja-Medaillons in eine Schüssel geben und mit 200 ml heißer Gemüsebrühe übergießen.
2. 10 Minuten ziehen lassen, Brühe abgießen und das überschüssige Wasser aus den Soja-Medaillons drücken. In einer Schüssel Soja-Medaillons mit Salz, Pfeffer und Senf marinieren.
3. In einer Pfanne etwas Öl erhitzen und die Soja-Medaillons von beiden Seiten anbraten.
4. Zwiebel schälen und in Würfel schneiden, Gurken klein schneiden. Beides in die Pfanne geben und 5 Minuten mit dem Soja braten.
5. Mehl und Tomatenmark verrühren, in die Pfanne geben und 3 Minuten mit anbraten bis das Tomatenmark etwas bräunlich wird. Dann mit 500 ml Gemüsebrühe ablöschen und gut verrühren, damit keine Klumpen entstehen. Rotwein und Gurkenwasser zugeben und einköcheln lassen. Mit Salz und Pfeffer würzen und 15 Minuten köcheln lassen.

**Bibliografische Information der Deutschen Nationalbibliothek**
Die Deutsche Nationalbibliothek verzeichnet diese Publikation in der Deutschen Nationalbibliografie.
Detaillierte bibliografische Daten sind im Internet über http://dnb.d-nb.de abrufbar.

**Für Fragen und Anregungen**
info@rivaverlag.de

Wichtiger Hinweis
Ausschließlich zum Zweck der besseren Lesbarkeit wurde auf eine genderspezifische Schreibweise sowie eine Mehrfachbezeichnung verzichtet. Alle personenbezogenen Bezeichnungen sind somit geschlechtsneutral zu verstehen.

Originalausgabe
1. Auflage 2022
© 2022 by riva Verlag, ein Imprint der Münchner Verlagsgruppe GmbH
Türkenstraße 89
80799 München
Tel.: 089 651285-0
Fax: 089 652096

Umschlaggestaltung: Manuela Amode
Umschlagabbildungen: Stephanie Just, Patrick Rosenthal
Abbildungen Innenteil: S. 18, 22, 26, 42, 46, 58, 62, 74, 78, 82, 86, 90: Stephanie Just;
S. 6, 10, 14, 30, 34, 39, 50, 54, 66, 70, 94, 98: Patrick Rosenthal
Satz: inpunkt[w]o, Haiger (www.inpunktwo.de)
Druck: Livonia Print, Riga
Printed in Latvia

ISBN Print 978-3-7423-2218-0

Wir produzieren
nachhaltig
www.m-vg.de

Weitere Informationen zum Verlag findest du unter

# www.rivaverlag.de

Beachte auch unsere weiteren Verlage unter www.m-vg.de